JN437967

바위틈 산들, 고운 꽃 숨소리

김건일 V시집

을지출판공사

▌시인의 말 ▌

폭풍우같이 살아온 지난날들
이제는 잔잔한 호수에 봄비 내리듯
산다는 게 신비스럽다.
이번 시집은 5번째다.
시를 사랑하고 시에 묻혀 살다 보니,
잠시 멈추고 반추하니, 세월의 무상이 절실하다.
일생 호수 같은 마음으로 삶에 임하지만
삶은 고요한 날이 없다.
이 시를 읽으시며
한 편의 시라도 메마른 가슴에
한 방울 두 방울 하염없이 내리는
촉촉하게 삶을 적셔 주는 기쁨이
삶에 젖어 들면 좋겠다.

2024. 1. 20

새해 벽두

김 건 일

차례

Contents

Contents

제3부 당신을 바라보며

Contents

Contents

Contents

제 1 부

갈대꽃

이제 내가 너와 손잡고
장구 치고 북 소고 치고
세상을 향유하고
행복만 천착하고 살아 보자

· 오늘도 어제도

먹고 살기 위해 바람같이
날려 들판에 쓰러져
온몸으로 몸살 앓는다

좀 더 솔직해지자
거짓 가림 걷어 내고
너와 내가 있으리오

입에 밥 넣고 살기 위해
동트기 전 노도같이 달려
웃으며 밥 먹는
눈물 어린 삶 감사로 얼룩

· 바위틈 산들, 고운 꽃 숨소리

내 하얀 마음
구름만 바라보리라

바위틈 산들
고운 꽃 숨소리 들어 봐야지

길가에 핀 채송화
외롭다 부르니 친구 하리라

나그넷길 지치면
물 한 그릇 대접해야지

떠가는 구름 기러기
흐르듯 날으듯 살아가야지

먹구름 몰려오면
그러지 마라 달래 줘야지

· 그리움은 바람이야

바람으로
왔다

눈물 씻으라
바람으로 사는 게야

내가 있나
바람도 없다

누가 있나
당신도 없다

역시나 구름
바람이었구나

그래, 맞아
바람은 잠잠한 너와 나

· 애국

진정한 사람은
말로 하지 않는다
죽음이 눈앞이라도
묵묵히 자신의 길을 걸어간다
잎만 무성 화목감

인생 출생하여
성공을 하고 행복하게
살아가는 사람은 입을 철문으로
굳게 닫고 살아가는 사람
사방을 둘러봐도 도원

· 눈물의 효

부모에게 맞아 보고 싶은
사람도 있다
효도할 부모님 계시지 않기에

부모가 계신 분들이여
자신을 낳아 진자리 마른자리
귀히 키우지 않으셨나
형통과 장수의 복 받아 보세요

엉금엉금 일어서고
한 발 두 발 뗄 때마다
박수 치고 사랑해 주었느니라

부모가 일어서지 못할 때
일으켜 세워 드렸나
살기 바빠 핑계가 됐으리라
당신이 넘어질 때 안고 울었노라

· 그리움

지나간 일 반추할 때
솜사탕같이 돌게 하고서

가 버린 날 떠오를 때
뭉게구름 꽃피게 하소서

운동장 함성 소리 포도 위 그때
그리움으로 흠뻑 젖게 하소서

유년의 그때가 떠오르면
어머니 외갓집 돛단배 물결치게 하소서
가슴속에 타고 있는 불꽃 지지 않게 하소서

· 갈대꽃

너도 꽃 피워 냈구나
마지막 그 꽃
너의 결정체 아름답도다
그간 흔들리며 아팠겠지

나도 그 꽃 피워 내느라
모진 세월 속 눈물도
쓰라림도 가슴에 비수도
맞아 보았느니라

이제 내가 너와 손잡고
장구 치고 북 소고 치고
세상을 향유하고
행복만 천착하고 살아 보자

· 구름아 어서 가자

저 언덕 고갯마루
양 떼가 노닐고
계곡 물 흐르는 사과밭
잔디에는 소 떼 평화로이
풀을 뜯으며 구름은 뭉게구름
한없이 고향으로 흘러가노라

내 사랑하는 부모 형제
함께 행복했던 눈시울 뜨겁네
내 누이와 놀던 그 동산
나도 싣고 가렴아
구름아 어서 나도 두둥실

· 성탄절 시

높은 보좌 버리시고
낮고 낮은 곳에 구세주
어린양 아기 예수 오셨네
어두운 세상 밝히려 우리 주님 오셨네
나 보고 살아라 귀히 여겨라 돌을 저 멀리 굴려라
나를 돌아보고, 어두운 그늘
눈물짓는 곳 씻어 주어라
높고 높은 보좌 버리고 오셨네
너희는 서로 사랑하며 살아라
남편은 아내 자기 몸보다
귀히 여기고
아내 남편을 하기 주께 하듯
서로가 사랑하라 일곱 번 일흔까지 용서하여라
눈물로 애통하여라
네 허물 들여다보고 남을 사랑하여라
참는 자는 복이 있나니
복에 복을 주리라
보라 아니하나

· 딜리트

슬픔은 잠시
머물다 지워 버려야 한다

너와 나 영혼을 파먹고
살아서 시들시들 병들게 한다

사랑도 지나면 구름에 묻고
흩어져 버리도록 날려야 한다

지우지 않으면 날 버리고
짊어지고 떠나간다

구름 한 점 남기고
내일을 향해 달리려면

· 네 손에 쥔 것

삼 년 머슴 새경
한 푼도 받지 않았노라

내 겨우 입만
얻어먹고 살아왔노라

내 신인가 사람인가
눈물겹지만

십 년 머슴살이도 있으니
괴롭다 서러워 마라

너는 성자요
세상 이기고 살았노라

너와 내가 쥔 게
다 부질없는 바람인가 하노라

· 부케(bouquet)

벌써 봄이 오나 봐요
기다려지네요

손 마주잡고
한 가정 이루어진대요

꽃 피고 새 울면
아기 울음 들린대요

· 마지막 한 잎

고마워서
눈물 나네요
내 딸이라서 사랑스러워요
롱 패딩 입으며 감동의 눈물
요즈음 강추위 정말
귀하게 잘 입고 있습니다

당신을 사랑합니다
한 인격체로서 존경합니다
한 여성으로서 훌륭하고
당신은 보배입니다

내 살아온 인생길
후회없이 살았지만
나도 그런가 곰곰이
청명한 하늘에 물어봅니다

· 동지섣달

팥죽 한 그릇
한 해가 가고 있네
새해를 맞세, 기쁨의 새해
가정은 화목이 더해지고
직장은 기쁜 소식
새해맞이 웃음꽃으로

· 따뜻한 마음

오늘은
바람, 내일은 물결치는 곳으로
나를 맡기며 사는 것이다

그리고
눈부신 햇살 비춰 주면
따뜻한 마음으로 세상을 보며

비바람
눈보라 몰아쳤던 인생길
정도 순응 묵묵히 살아왔고

아무리
좋은 인생훈도 내게 적용
황금보다 귀히 간직치 않으면
아무 쓸모 세상 속 휘말린다

이거다
저것이다 정해진 것은 세상에 없다
날마다 뜨고 지는 것도
들여다보면 변화가 무쌍하다

저녁을
맞으면 주어진 것 감사
눈감고 들고, 눈뜨면
일터로 그게 삶이란 것이다

· 날개의 비밀

화의 근원은
혀에 있다
내 몸을
불화산으로 태워 버린다
일생 행복하게 살고 싶다면
화의 문 혀를 감추면
입에서 향기
어디 가나 사랑과 인정
재물복 건강 명예도 주어지고
고난이 다가와도 당신은
헤쳐 어려움 강물로
당신 곁을 흘러갈 것이다
부부 관계 형제 우애
친구도 처세에 당신을 도와
당신을 행복으로 안내하여
줄 것을 확신한다
가정에는 꽃 질 날이 없으리라

· 꽃같이

예쁘면 꽃같이
웃어 주지만

미우면 보푸라기
보다도 못하다

· 서러워 마라

나는 태어날 때
꽃이었고

세상에서도
꽃으로 살았노라

질 때도 꽃으로
지나니 서러워 마라

너도 그렇게 살았노라

· 세상에 꽃씨 뿌리자

많은 사람과
있을 때
당신은 꽃 대접이다

그러나 혼자
있을 때
아무것도 아니다

그래서 세상은
언제나 쇠똥구리
세상밭 꽃씨 뿌려 피운다

당신의 명성 날개 덮고
노둣돌 위해 놓아라 영원히
존경받고 길이 빛날 것이다

· 들꽃

꽃다발 안아 보고
향기에 킁킁

너도 안아 보고
그래 이거야

저 들꽃 외면할까
너도 꽃인 걸
다가가 살펴봐야지

너도 짝이 있으리라
널 안아 품을

· 말없이 도와주어라

김치 담그는 손
양손 양념 고춧가루 새우젓
소금 말없이 도와주어라

부추 파 마늘 다듬을 때
다가가 말없이 도와주어라

빨래한 것 내놓으면
말없이 널어 주어라

호박고지 썰은 것
말없이 담장 볕 바라보게

청소할 때 깔끔하고
반짝하다 칭찬해 주어라

밥 먹을 때 마주 보며
지금껏 살아온 것 덕분이라
말없이 미소 지어 주어라

· 그 꽃 피우느라

그 꽃 피워 내느라
그렇게 울었겠지

그 향기 내느라
몸부림쳤겠지

저 높이 오르느라
세우고 울었겠지

그 꽃 한 잎 두 잎
아름답게 울며 지겠지

· 눈물

슬퍼도 눈물
기뻐도 눈물바다

억울해도 땅을 치고
통곡하며 눈물 흘리고

당신은 살아오며
뜨거운 눈물 흘려 보았는가

눈물 없이 살았다면 아직
인생을 말하지 마라

눈물 속에 삶의 보석 있나니
더 살아 보아라

끝내 눈물 한 번 흘리지
못하면 빈 콩깍지 인생이니라

· 이제는

뜨거웠던 여름날도
내게도 있었지
널 사랑하고 눈물 흘리며
밤을 샌 적도
그러나 이젠 서로가
다른 길, 아직 난
눈물 삼키며
네가 사는 하늘가 바라보며
함박눈에 묻혀 그때를 그리워
하고 있단다

제 2 부

꽃잎에 앉아 살자

구름 속
네 모습 좇아

저 잔디
꽃잎에 앉아 살자

· 그래도

세상은 뒤죽박죽
그래도 힘을 내
옥토를 만들어야지

세상은 어둡고
험해도 곁길
꽃씨로 가꿔 가야지

세상은 힘들고
각박해도
베풂 잊지 말아야지

빌딩 구석 쪼그리고
앉아 우는 모습
사랑을 주어 일어서야지

· 저녁

저녁이
있으니 기다리는
마음 기쁘다

아내의 정성스런
솜씨로 준비하며
기다리는 마음이 꽃

육십 년 보아도
싫거나 물리지 않는
얼굴 세월이 시기한다

밤안개 밥상
감싸고 돌며 안온하게 한다
저녁이 있으니 행복하다

· 부부

자식이 아무리 효도해도
부부만 못하고

부모에게 맛난 것
아내가 해 줌만 못하고

세월 가고 깊을수록
점점 아내는 남편 바라보고

남편은 사랑하고
아껴 주며 살아가야 한다

살 날 도랑물 남은 시간
촌음 더욱 꼬옥 잡아 보아라

· 꽃잎에 앉아 살자

별꽃 보며
꽃꿈 펼치고 가리라

달빛 보며
눈시울

물결치며
윤슬 후드득

구름 속
네 모습 좇아

저 잔디
꽃잎에 앉아 살자

· 그때는 그러지 못했다

운동장 열 살 아들과
아버지 배드민턴 치며 즐긴다
나는 그때 그러지 못했다

예쁜 딸 데리고 애완견
동영상 아빠는 예뻐 죽겠나 보다
나는 그때 왜 놀지 못했는지

마음은 짜장면 한 번 온 가족
실컷 먹이고 싶었다
그때는 왜 그러지 못했는지

사랑하며 겉으론 일부러
엄하게, 되돌릴 수 있다면
그때는 왜 마음을 숨겼을까

· 대접받으려면

황혼에는 가을 들판
풍년 들어 고개 숙인 벼로
겸손히 대접하지 않으리오

속으로는 누구나
환영하고 기다리는 사람
속속들이 익어 가는 것이다

익은 곡식 지갑 열고
베풀며 살고 있다면 누가
성공한 인생 아니라 하오리까

· 마음

채워도 채워도
차지 않는 바다여

일생 불러도
대답 없는 어머니

내 마음은
얼마나 깊으면

바다를 닮아
울고만 살아가나

· 꽃 인생

이렇게 살 줄
그래도 살고 있어요

내게만 하고 원망은
감사하며 사세요

뭐가 부족 꿈꾸며
휘영청 밝은 달

삶이란 언제나 눈물
강물 바다에 이르리라

저 바위 정자
천만년 봄날 꽃피며 살아요

· 대의

여인은 소녀로
남자는 대망의 꿈을
하늘은 말하고

가슴 뜨거워
소금을 쏟아 붓는다

아래 질척 깨어나고
꽃 피워 영원한
표본으로 살라 말하네

대의에 날고
꿈을 펼친 그대는
세상의 꽃이라 하는구나

· 삶

인생이란
수필이 아니다

시 중에도
아주 단시다

삶이란 그런 것이다
내일이 또 있을까 보냐

소설, 주어졌으면 요행

· 봄

연못에 봄날 오듯
조용히 입벌려 가요

욕심 부리면
연못 깊은 주름 잡혀요

바람이 말해요
저기 걷는 사람

· 가족사진 2

아빠는 이뻐 죽겠나 보다
어르고 목마도
나는 그때 그러지 못했다
회한이 먹구름 타고

애완견 아가도
사랑하는 아내도
아빠는 행복한가 보다
나는 그 세월 어찌 보냈나

짜장면 실컷 먹여
왜 그때는 못했나
알 수 없어 세월
가족사진만 들여다본다

· 행복

추도 예배보다
주룩주룩 둘러 앉아
하염없이 눈물을 동이로

말이 없다
지나온 세월 터져
그랬나 보다
함박눈 영혼에 내린다

참 좋은 말이다
그 한 조각 일엽 찾아
지구 끝에 와도 되돌아
눈물 쏟는 사람 있지 않는가

· 세월은 화가다

어우!
곱게 늙었다
예술이다

꽃보다
곱고
세월의 향기 세상이 곱다

고운 손 고운 입술
주름진 얼굴 어머니 숨결로

· 칭찬

길을 가다
부둥켜안은 청춘

구석 한켠에
쪼그리고 앉아 빼끔

그도 속 탈 때가
파란병 기울여도 꾸짖을까

제약이 너무 많다
때로는 고개를 돌려 보자

청춘이 소나무 안고
울고 있지 않은가
때로는 사랑스럽게 바라보자

· 좋겠다

허물은 따듯한
가슴에 포근히 품고

사랑은 가까이 한 발
다가서 꽃피워

눈물 꽃잎으로
씻어 주며

괴롬과 고통
한 수저 들어내고

꿈은 두둥실
우주 향해 떠오르고

상처는 어루만져
사르르 미소 짓게 하고

· 님

이 계절은 호호 불던
생강 모과차 가득 모락모락

그 혹한에 따끈함
그 맛은 잊을 수가 없군요

정성 어린 그 마음은
두고두고 귀하게 심장을 데워
훈훈하게 하고 있습니다

베풂은 아름다운 것
그 일이 또한 얼마나 어려운지 지금
알게 됐습니다

저도 님의 걸음 작은
베풂이라도 실천 살아갈게요

· 다들 그렇게 살겠지요

참기 어려운 것도
참을 것 없어도
다들 그렇게 살고 있겠지요

더욱 태산이지만
그 강물 헤치며 숨가쁘게
살고들 있겠지요

미우면 살짝 고우면
다시 마주하며
세상길 걸어들 가겠지요

· 당신의 인생

목화꽃 핀
인생이라 그리움 없겠는가

민들레꽃
많은 사연은 왜 없겠는가

소금꽃 핀
가슴 쓰디쓴 눈물 없었겠는가

함박꽃 핀 들녘
왜 풍요가 없었겠는가

인생의 발자국
고인 눈물 누군들 외면하리오

흰구름꽃
아직도 당신을 부르고 있노라

· 귀한 음식

너무 버리는 게 많다
아까운 줄 모르고
밥알 하나 생명 아닌가
소중함 귀한 것 마구 버릴까

곡식 낟알 자세히 보아라
낟알로 가득하기까지
얼마나 많은 과정을 거쳤는지
그 고통의 영금을 살펴보아라

낟알 팔십 번의 과정
입 생명 유지해 주지 않는가

· 흰 구름아 너는,

흰 구름아
어머니 계신 곳으로 가겠지
나도 너를 따라가리라

굴뚝 흰 연기 날고
저녁 준비하고 계시는구나

어머니 솜이불 들고
따뜻히 재우려 솜틀러 가셨구나

왁자지껄 백군 솜사탕
나와 손잡고 뛰려고 오셨구나

흰 구름아
이제 어머니 꽃구름 타고
선녀로 하늘 날며 가시는구나

제3부

당신을 바라보며

나는 오고 가는 길목에
한 송이 꽃으로 웃어 줄게요

나는 기다리다 지쳐
잠들면 구름 타고 가 오리다

· 꽃마음

마음이 꽃이다
고운 꽃

얼굴이 꽃이다
언제나 스르르 모습
모든 사람이 보면 안온하다

어쩌면 그리 고우리
예쁜 손 고운 손 강의실 식탁
사무실 꽃이다

세상은 꽃이고
마음이 어두우면 세상은
성난 사자로다

한 송이 꽃을 안고
대문을 나선다
마음의 꽃을

· 버킷 리스트

날마다
달마다
시간마다
자신을 사랑하여라

마주치는 사람 웃어 주어라
그도 웃도록
살 것처럼 살지 마라

오늘이 나의 생
마지막 생각하여라
한날은 천백 년이니라

내일이 기다리고 있다
말하지 마라
내일은 안개 속이니라

누구나 그렇다

· 그래, 잘했어

세상
척짓고 살지 말자
그냥저냥
살면 될 걸

세상 등 돌리고
살지 말자
견뎌 보면
꽃피는 날도 있으리라

그래, 그렇게
사는 게
맞아
그러니 너무 좋잖아

그래, 잘했어

· 아욱국

요 며칠
된장 아욱국 먹고 싶다

내가 살던 고향에
가고 싶은가 간절하다

빈 하늘만 보이고
그리움 구름에 실려 가고

휘젓고 맴돌며 흘러간다

· 재물

미움과 탐욕 커지면
시해도 귀천도 너로 인함

발이 그 방향 대접도
푸대접도 다 너 때문이니라

행복과 고통 네가
쥐고 모두가 너 때문이니라

네가 많은 집에 잉태
꽃길만 펼쳐, 싶은 곳 가고

네가 없는 집은
기진맥진 쪼그랑 움막집에

대궐 같은 집만 편애
아픔과 상처 준 죄가 크도다

· 가을 편지

올해도 언제 모르게 떠나고
대지에는 티끌 하나 눈에 밟힙니다

아우님께서 늘 지켜 주듯 변함없으니
저는 지금까지
살아온 세월 정이 쌓였답니다

아우님 오늘도 살아 있기에
문자로 전화로 택배로 받은
사랑이 태산 같습니다

더 사랑을 받을지
가늠키 어렵지만 이대로
간밤이라도 별 따라 가겠습니다

한없는 사랑으로 나날을 보내고 있음도
모두 아우님 덕분
또한 부부도 기억 백년해로 하시옵소서

· 선운사

비 오면 선운사로 가지 마라
네가 울까 걱정이다
쏟아지는 눈물 하늘도
울다울다 못 울어 네 길 막는구나
가고 오는 길도
서러워 울다 가고 다시
오지 못하니 언제 그날 한발의
아픔 다 해 버려서 또 내린다

· 사랑스런

흰 깃발 나부끼니 아득타
그러나 네 모습은
가슴에 남아 재롱을 부리며
아빠를 기쁘게 하고

험한 세상 건널 때 위안이
바다를 건너면 용왕이
밤길 작은 등불 하나
네 모습 비춰 울고 있구나

지금은 더욱 또렷 네 곁
떠나면 다시 없는 사랑으로
감싸며 포근한 세상 잊고
살도록 새 잉태하리라

· 나는 겨울이다

일어나
창밖을 보니
파릇한 풀포기 늦익은
호박 하나
아직 파릇한데

나는 겨울이다

그러나 봄은 오리라
그때까지 기다리리라
함박눈 따라 봄이 온다

· 세상다리 건널 때

세상 살면서
갖출 것 다 갖추고

가질 것 다 채워 가며
어찌 사나

부족한 듯 모자란 듯
만족하며 사는 게지

찰랑찰랑 넘치듯
소중함 모르지 않는가

두 눈 가지고 한 눈 가려
못 본 듯 본 듯 살아가야지

· 당신을 바라보며

나는 당신을 위해
서낭당이 되어 줄게요

나는 당신을 위해
망망대해 등불이 되어 주리라

나는 당신 성공 바라며
장독대 치성 밤을 새울게요

나는 오고 가는 길목에
한 송이 꽃으로 웃어 줄게요

나는 기다리다 지쳐
잠들면 구름 타고 가 오리다

· 하늘 단풍놀이

열한 명 가을 단풍놀이 가다
홀연히 연기같이
택함 받아
네 명은 하늘로 가고
두 명은 복통 병원 입원
나머지는 집으로
하늘 단풍놀이는 어떨까

· 아들 보고 싶어요

어제 본 아들
다시 보고 싶습니다

슬하에 그 아들
기어서 품에 안깁니다

· 내가 먼저

내가 먼저 손 내밀고
내가 먼저 인사 하고
내가 먼저 웃어 주자
기다리지 말고
베푸는 사람이 복 더 받는다
하지 않는가

내가 먼저 양보하자
차선도 약간 긁힌 것 그냥 가자
다 버려야 할 것 잠깐 베풀면
나라는 사람 성자로 되어 간다

· 그늘

나는 세상 살며
너의 형설의 등불이 되고

먹구름 속
햇살이 되리라

나는 네 신발의 바닥
존재를 버리리며 살리라

나는 저 외로운 기암절벽
한 송이 꽃으로 살아가리라

너는 기개로 나는 초개로
너를 정화하고 위대와 순수함 돋보이며 걸어가리라

너는 나를 밟고 건너는
순한 양으로 지켜 주리라

· 내 마음

가끔 네가 생각날 때면
너에게로 간다

네가 있어
살아갈 힘을 얻는다

나는 오늘도
너를 향해 길을 걷는다

· 진주 남강

유유히 흘러가는 너는
말하고 있구나

님이 떠나도 그리움
아직도 하늘에

가거라 흐르거라
천년 내 너를 지켜 주리라

꽃으로 나비같이
향기롭게 혼을 불사르고

후예들 가슴 눈물로
정처없이 흐르며 말하고 있구나

별도

· 감나무

너는 오십 년 세월에도
어찌 더 고우냐
겉모습은 거칠지만

속마음은 변함 없으니
곱고 단아한 시선을 붙잡고

맛도 조금도 변함 없으니
나도 널 닮아 휘둘림
의연히 거센 세파 꺾어 밟고 왔나 보다

세월에 굴하지 말고
오래오래 붉은 등불 주어
손잡고 함께 험한 고개 넘자꾸나

· 나 살면서

더 낮아지고
싶다

더 겸손해지고
싶다

땅을 기어 다니는
사람으로 살아가고 싶다

오늘도 나를 버리며
산다

어머니 품 안겨
아기로 살고 싶다

하늘로 치솟는
티끌로 살아가면 좋으리라

· 파아란 가슴

푸른 하늘 바라보며
꿈꾸었던 그날들

한 점 후회 없이
살아왔나

파랗게 물든 하늘이
쏟아질 듯 가슴에 안겨 옵니다

· 당신을 기다리고 있다

지구도 하나
세상도 하나
당신도 하나뿐

당신은 무한 가능
세상은 비옥한 옥토가 아니냐

심고 가꿔 세상을
꽃밭으로 만들어 보아라

오직 당신만이 할 수 있으니
담박 지금 세상을 향해 나아가라

제 4 부

이제 웃으며 살아요

당신과 만나 걸어온 길
아픔도 결결의 열매였어요
이제 금자탑 웃으며 살아요

· 굴

어머니 아버지
잠드신 곳
그 길 언제 다시 걸을까

그리운 형제
고향 산천 다시 또 갈까

내 언제 또 고향 갈까
알 수 없도다

· 어무이

아들 현관에 들어서며
어무이, 저 왔어유!

이제는 그때가 그립다
듣고 싶어도 이젠 들을 수 없구나

그때가 그리워진다
세월이 야속타

· 날마다 새롭게 산다

매일 이별하며 산다
내일이 있을까

날마다 얼굴 보며
배웅도 이별 하고 산다

기다림도 마지막으로
아쉬움 없이 기다린다

시선도 아쉬움 없이
뜨겁게 바라본다

내일이 주어지면
또 새사람으로 살아간다

· 먼 곳에서 서성이지 말고

그대여 가을입니다
아직도 망설이나요
오세요 가을 들판으로

그대를 기다리며
노래 하노라 저 등 너머
갈래 길 다 저물어 가노니

부르노라
그대를 먼 곳에서 서성이니
그립기만 하고

해후의 맛나고
떠들썩 그런 날이 좋지
않더냐

특별할 것 없으니
모두가 순진무구 그렇게
살아들 가세나

· 가을 들판

가을 들판은 풍성하다
가진 자 못 가진 자 없다
황금 들판은 다 가지라 말한다

부부의 정이 더 깊어 간다
잠깐, 교회당 종소리
울려오면 기도를 한다

벼들도 출렁이며
한여름 땀 흘려 일한 것을
고개 숙여 감사의 기도를 한다

· 죽었다면

당신이나 내가
죽었다면
다투고 싸울 일도 없었겠지요

당신이나 내가
살아 있기에 그리워도
보고 싶기도 하답니다

당신과 내가 세상을
사는 것도 살아 있어 가능
삶을 사랑하며 살아가기로 해요

· 밤

아픔 없이
어찌 영글까

숨김 없이
어찌 익어 갈까

찔림으로 철벽
어찌 못 할까 보냐

마지막 날
다 버리고 투닥투닥

의연히 떨어져
네 눈물 향기롭구나

다 버림으로
고귀함 찰흙 같은 네 모습

· 삶의 마무리

한 장 남은 달력
찬바람에 흔들리며 떠나려 합니다

오가는 발길 포도 위의 낙엽
한 해를 마무리하려는
마음, 마음들이 분주하다

마지막 한 달이 소중하다
끝이 좋아야 다 좋다

가는 해 웃으며 보내고
오는 해 반갑게 맞아들이자

인생도 살아온 모든 것 마무리 잘못해
떨고 있는 사람 있지 않던가

갈무리 좋으면 허물도
안개 속으로 한없이 오른다

· 기도

당신을 위해 기도할 때
당신도 나를 바라보게 하소서

두 마음이 하나로 화합하여
살아가는 길에 넓은 길 걷게 하소서

괴로워도 즐거워도
세상길 탈선치 마시고
마주보며 달려가게 하소서

살다 보면 서로 소원해질까
염려되올 땐 기도하게 하소서

험한 세상 서로가 이쪽에서
부르면 응답케 하며
지남철 간곡하게 하소서

· 밥

밥 먹고 살기 위해
바람처럼 세상 향해 달려가
땅거미 질 때 밥을 먹는다

시를 쓰려고 만나 연구하고
논의하며 골몰하며 헤어질 때
밥 먹으면 피로 힘듦 내려놓는다

아기도 배 불러야 잠을 잘 자지
그렇지 않으면 보채며 칭얼
엄마는 꼬옥 안고 실컷 먹인다

모이면 밥부터 먹고
분위기는 부드럽게 윤활유
세상事 다 밥으로 귀결된다

· 가을

가을바람 살랑
알밤이 후두둑

산들바람 산들
투두둑 갈잎 하나

한들한들 그리움
붉은 얼굴 둥근달

루비 보석 투두둑
볏가을 곳간 익어 간다

다랑달랑 아들 딸
주렁주렁 화목한 가족

수줍어 돌아서는
대추알 태양은 눈부셔요

· 하루살이

나는 새로 태어난다
하루살이같이

하루살이로 살아간다
하루가 일생이다

모난 마음 갈아내고
거친 마음 조각하여
첫 대문 세상 밖으로 나간다

하루를 잘 살았다면
일생 후회 없이 산 것이다

세상도 매일 새롭다
눈부신 하루가 주어졌으니

오늘 혼신으로 살았다면
당신도 백 년같이 산 것이다

· 그래도

세월 가고
나이 들고
늙어 가면
소용 없고
부부밖에 없다

미우나 고우나
함께 가는 길
마음을 수시로
따뜻하게 가져서
서로 꼬옥 잡고
걸어가야 한다
긴-----
인생길에 왜 좋은 일만
있을까 보냐

그러나 사랑의 끈
한눈팔지 말고

· 귀한 사람

살아가며 만나고 헤어질 때
아쉬움 남기고
속으로 쩨쩨하다 들지 않는 사람

시간 가고 세월 가면
아, 그 사람 생각나
나도 그렇게 살아가야지 자신의 부족을

떨어져 있고 헤어져도
눈시울 붉고 닭똥 같은 눈물 뚝뚝

· 곁

곁에 있다
우습게 보지 말고
가끔 웃으며 소중히 생각하여라

매일 먹는 밥
당연하게 보지 마라
당신의 생명 보배이니라

곁가지 자르고
내던져져 바라보니
네가 있어 하늘 솟아오를 수 있었다는 걸 알겠노라

내가 지금껏 무사히
살아온 것은 누군가의 희생과
헌신 있었다는 것을 잊을까

· 엄마는

엄마는 살펴보고
자세히 들여다봐도
버릴 것이 하나도 없다

잠도 자지 않고 꼭두새벽
어둠을 뚫고 밭으로
버릴 것이 하나도 없었다

알뜰하기 바지 찢어져도
가족은 넉넉하게 먹이셨으니
버릴 것 하나도 없었다

연탄 한 장 화덕에 아끼려
국수며 수제비 만두
삶이 윤슬스런 사람이다

엄마는 집안의 대통령
아버지는 부통령 뭘 해도
엄마는 버릴 것 하나 없었다

· 꽃씨

미움의 꽃씨 한 알
가슴에 떨구어
사랑의 꽃 피워 내고

돌아섬 꽃씨 하나
내 가슴 심어 역겨움 걷어 내고

고운 마음 심어심어
세상꽃 피워 보아요

· 이제 웃으며 살아요

이렇게 만난 걸
이제와 생각하니 너무나
행운이었습니다

살아온 날들 돌아보니
눈물은 왜 없었겠나요
풀잎 은빛이었네요

당신과 만나 걸어온 길
아픔도 결결의 열매였어요
이제 금자탑 웃으며 살아요

· 여름이 가니 좋다

여름에 시달린 해충들
모기 파리 거미 성하더니
마지막 가는 날 멀지 않았다
요즈음 기승이다

사람도 그런 날 오면
극성을 부리며 자신을 부각하려
온갖 애를 쓴다
그래야 왔다 간 흔적 남겠지

· 그러지 마옵소서

사랑하는 님이여!
이제 꽃 마음
구월의 노래를 부르자
그러지 마옵소서

구월은 세상살이에 지친
가족 모여 웃음꽃 피워
험로 스르르 눈물로
은쟁반 돌았다고

검은 구름 걷어 내고
눈부신 날 뜨거운 태양도
웃어버려 너와 나 살아가며
손을 잡도록

옆집 꽃밭 환해야
내 발길 저벅 사랑의 시선, 흘깃 그러지 마옵소서

· 송편

하얀 송편 하나 먹고
하늘에 구름같이 살고

빨간 송편 집어 들고
내 타는 가슴 그대에게 잠들고

노랑 송편 입에 물고
봄 병아리 쪼르르 엄마 품으로

제 5 부

나팔꽃 사랑

고요한 밤 조각내고
내 마음 천 갈래 갈라져도
오직 편주 당신만을 향한
그 마음 고이 간직하오리다

· 예감

좋은 일은
행복의 씨앗

내일도 좋은 일
되레 기다려진다

살면서 좋은 일
꽃으로 피게 살아가야지

그래야 잘 살았다
말할 수 있을 테니까

살면서 좋은 일이
있을 것 같다

· 바람이 전하는 말

인생이란 돌아보니
꿈속에 부는
바람이라 말했어

꽃다발 안고
가는 길 사랑의 분수
활짝 눈을 뜨는 거라 말했어

쓰라린 가슴 안고
저 언덕 오르며
꿈꾸던 것이 노을빛이라 했어

다시는 말하고 싶지 않아도
정겹게 사는 것이라
바람은 내게 알려 주었어

· 밤과 대추

나는 갑옷으로 무장
당신은 고운 얼굴로 무장
이 세상길 걸어가기로 굳게
손잡고 걸어갔지요
나는 밤으로 당신을
보호하고 울타리를 지켜
당신은 내게로 올 때
대문 앞 붉은 얼굴로 나를
반겨 주며 외적과 대적
늘 힘과 용기를 주었지요
당신의 사랑이 아니었으면
이 세상에 존재하지 못 했을
알토란 아들과 고운 딸로
즐거움과 행복을 주었지요
그리고 우리의 복은
독존 인생길
걸림 쭈욱 탄탄대로였지요

· 지우개

다 지워 버렸다
오늘 즐거워했던 일도
공이기 때문이다

다 지워 버려야지
어제 괴로웠던 일도
빈 하늘이기 때문이다

사랑했던 기억
다 지워 버려야지
눈물로 삶 붉어질까 봐

내 마음속 욕망 강물에
나룻배 싣고 가다 사해로
흘러가며 깨끗이 지워지도록

백지 한 장
새로 펼쳐 흰 웃음으로
인생을 새로 써 내려가야지

· 나무

내 널 나무젓가락
심었던 그때가 그립다

나도 너처럼 기개
충천했었던 때가 있었지

너는 기력이 아직도
여전 매해 다섯 말씩 제 몫을
다하니 놀랍다

나도 너를 닮아서 굳건한
발로 대지 딛고 싶구나

오십 년 세월 함께 튼실한
열매로 네가 준 알밤
지금껏 건강을 지켜 줬구나

· 똥

냄새 구수하다
메주 뜬 그 냄새
누구나 뜸들이고 아껴서
귀하디귀한 걸 내려 보낸다
만물의 영장도 우습다
결국은 한 잎 보푸라기보다
그렇게 정성 들이면 이루지 못할 일 있을까

· 삶이 질 때

꽃이 피어나
누가 꺾을까 조마조마

곱게 피었다
조용히 지긴 너무 어렵다

나도 그렇지만
너도 그렇다

그러나 고운 시선으로
세상 바라보며 걸어가자

석양에 산 넘듯
웃으며 지면 행운이다

무섭고 두렵다
그러나 불 밝혀 비춰 보자

· 아!

밑 빠진 물동이 쏟아
꽃들이 갈라진 대지로 몰아칩니다

대지가 정신 잃고 흔들려
고귀한 생명 천만리 심연으로

아! 거두소서
이 슬픔 어찌 이리도
가혹하며 혹독하나이까

첩첩이 산이요
결결이 발디딜 곳 없으니
어디에 몸을 부치오리이까

불쌍히 여기소서
가련한 인생들 이젠 갈 곳이
어둠의 장막 거두어 들이소서

· 낟알

헤아리며 사는 삶
콩알 하나

걷는 길 낟알 하나
천지는 풍성한 즐거움 가득

기다리는 안타까움
헤아려 보며 들썩이는 내 마음

알알이 쏟아지니
우루루 감당 어려운 복

별빛 하나 헤아리니
별똥 좌르르르 낟알이

헤아리며 받은 복
기쁨이 가득 연줄 오르네

· 시끄러운 세상

시어머니 말도
맞고

며느리 말도
맞다

마님 말도
맞고

머슴 말도
맞다

아내 말도
맞고

남편 말도
맞다

세상이 잠잠하구나

· 밤도 잠을 잔다

시끄러운 세상
밤이 깊어 간다

너와 나의 주장도
고요히 밤 이불을 편다

영혼들도 잠자리
눈을 감을 시간이다

세상을 내려 놓고
밤도 잠을 잔다

밤이 하늘에서
지구도 태양도 잔다

다툼도 원망도
그저 다 내려 놓고

· 꽃마음

내 가슴에도
네 마음 밭에도
꽃씨를 심어 보자
아름답고 고운 마음 만들며 살아가자

· 쌍둥이 딸

노란 모자 노란 가방
개나리꽃 노란 모습 노란 마음
노란 웃음 하늘에 꽃구름
그때가 이다지도 그리울까
노란 병아리 노란 노래 학교 가던 길
예쁜 딸 보고 싶구나
지금도 노랗건만 걷던 길
그때 그 시절 그리워 어이하나
세월 불러 안아 보고 싶구나

· 지렁이

시인은 지렁이 같아야 한다
자신의 몸이 토막 나도
세상을 정화하고
몸부림치도록 사랑해야 한다
자신의 몸이 오염된 흙을
정화하여 옥토로 만들 듯
시인도 시를 통해 악행과
오염된 세상을 정화하는
향기로운 사람이어야 하리라

· 겸손

세월보다 강한 자
이 세상은 없다
강철도 가루로 만들지 않는가

세월보다 강한 자 있을까
존재의 모든 걸 굴복
부복하지만 돌아보지 않는다

세월은 자신이 강한 걸 모른다
무심한 세월이기 때문이다
구름은 알고 웃고 흘러간다

세월은 강자를 약자로
약자를 강자로 자유롭게 한다
어느 때 강자를 칼질할지 모른다

· 당신도

세월은
늙지 않고
나만 늙게 해요

당신도
세월에 속지 마세요

· 행복의 발견

행복의 껍질 벗겨 보아라
감동이며 눈물이니라

행복하려 노력해 보아라
손으로 가르는 호두과자 붕어빵
속 따끈한 행복은 있다

행복은 모래벌에 쏟아 버린
보리 싹이 날 때, 발견하며 살아간다

행복을 찾아 나서지 마라
늘 곁에서 봄볼처럼
행복을 틀어쥘 수 있다

· 오늘도 잘 살았구나

장례식장을 지나간다
추모공원 사촌 동생을 보고
또 병문안을 하고
예순셋 여인
극성맞게 허망히 떠났다

돌잔치 간 지가 아련하다
참 살기가 녹록지 않다
살기도 죽기도 힘들고
잘 살다 잘 죽기 이리 어렵나
팔십오 세 아버지 저녁밥 먹고
"아버지 편히 주무세요"
오십 세 아들은 그렇게 황망히
여섯 생명을 살리고 떠났다

살아 있는 오늘 당신에게
전화, 카톡, 옆에 그 사람,
있으면 기적 같은 행복이다
남은 삶 촌음도 꽃같이 향기롭게 살아야겠다

· 주름

얼굴에 주름 없애려
애쓰지 마라

마음의 주름 없으면
그게 행복한 인생 아닌가

쓸데없는 일로 근심하고
괴로워하는구나
짧은 삶 소중히 살아갈 궁리해야지

인생의 고속도로
천공 내려오는 생명줄이니라

주름은 인생의 훈장이니
당신의 얼굴 금태줄이니라

· 나도 때로는

나도 때로는
미련하게 살면 좋겠다
너무 영특하면 싫어하니까

나도 가끔은
바보처럼 살아야겠다
세상 살기 편할 것 같아서

나도 때론 미친놈으로
살아가고 싶을 때가 있다
미쳐야 순진한 아이가 되니까

속 파낸 호박으로 살고 싶을 때가,
푸욱 고아진
날 보고 싶을 때가 있으니까

· 처음

나는 당신을
어제 만난 사람 오늘 또
만났다 생각지 않습니다

당신은 어제 죽었고
새사람으로 태어난 사람이라
생각 기쁘고 반갑게 맞이하는 것입니다

당신이 날 마주할 때 당신은
어떻게 만나시나요
어제 만난 사람 그저 그렇고
계면쩍어 하지는 않으시겠지요

그러나 나는 처음 만난 사람으로
조심하고 예의를 갖춰 당신을 대하고 있답니다
그래야 당신과 나의 줄이 깁니다

· 나팔꽃 사랑

여명에 그리운 님
날 기다리네
눈부신 그날보다
당신 품 그리워 달빛 별님
내 임 따라 가오리다

고요한 밤 조각내고
내 마음 천 갈래 갈라져도
오직 편주 당신만을 향한
그 마음 고이 간직하오리다

· 이제는

천리마보다 강인했던
그 다리도 이제는 휘청

독수리 낚아채던
손아귀 이젠 숟가락도 놓치고

술술 넘어가던 세상도
이제는 맹물도 넘기기 어렵고

천리안도 이제는 옆
아내마저도 못 알아보고

■ 시에 대한 단상

김 건 일

시란 천착 조탁
시 쓰기는 너무나 어렵다
그래서 시인은 하늘에서도 시를 쓴다
밥을 매일 먹지만 무심히, 그렇게 쓰기가 어렵다
시는 날개가 있다
새로 때로는 구름 타고 온다
거센 파고를 넘고 넘어 온다
폭우로 눈물을 주기도 나뭇가지에도 시는 앉는다
살고 있는 순간 시 아닌 것은 없다
그래서 예쁨과 기쁨 감동을 끌어내어
화자를 통해 쌓인 한도 눈물도 닦아 주며
삶의 애환을 풀고 시의 오페라, 그래야만
고단한 인생길 꽃 한 송이 들고 쉼을 가진다
뒤범벅 눈물의 향기가 없다면
과연 그게 살맛이 날까 생각한다
상상할 수 없는 일이다
시는 아무튼 꽃밭으로 삶을 다듬고 가꿔 가야 한다
가슴속 외침으로

김건일 V시집

바위틈 산들, 고운 꽃 숨소리

초판 인쇄 2024년 2월 8 일
초판 발행 2024년 2월 13일

지은이 | 김건일
펴낸이 | 김효열
편　집 | 이미정

펴낸곳 | **을지출판공사**

등록번호 | 1985 년 2월 14일 제 2-741호
주　　소 | 서울시 마포구 양화진길 41, 603호
우편번호 | 04083
대표전화 | 02) 334-4050
팩시밀리 | 02) 334-4010
전자우편 | ejp4050@hanmail.net

값 13,000원

ISBN 978-89-7566-239-3 03810